AF266034

ATTENTION!

RÉPONSE

A LA BROCHURE D' « ALDEGONDE »

INTITULÉE

« CONTRE LA FRANCE, FRONT »

(Naar Frankrijk, front)

Par FRISO

TRADUIT DU HOLLANDAIS

« Je maintiendrai. »

PARIS

LIBRAIRIE FISCHBACHER

Société anonyme

33, RUE DE SEINE, 33

—

1894

ATTENTION!

ÉMILE COLIN — IMPRIMERIE DE LAGNY

ATTENTION!

RÉPONSE

A LA BROCHURE D' « ALDEGONDE »

INTITULÉE

« CONTRE LA FRANCE, FRONT »

(Naar Frankrijk, front)

Par FRISO

TRADUIT DU HOLLANDAIS

« Je maintiendrai. »

PARIS

LIBRAIRIE FISCHBACHER

Société anonyme

33, RUE DE SEINE, 33

—

1891

Tous droits réservés.

ATTENTION!

I

L'activité politique d'un État a pour but d'accroître le bonheur du peuple qui forme cet État. La communauté des intérêts fut le principe de la réunion des individus en nations et des nations en états.

L'État développe d'abord les intérêts de ses sujets sur son propre territoire, où il use d'un droit de liberté absolue. Mais cela ne suffit pas : les divers pays sont à côté les uns des autres comme autant de personnalités indépendantes et égoïstes. Ils ne travaillent à l'avantage d'autrui que lorsque cet avantage est aussi le leur. Aussi les États sont-ils soumis à la même loi que les individus, celle du *struggle for life*, de la lutte pour la vie, sans trêve.

Cette lutte est l'objet de la politique internationale (1). Ce qu'on appelle le droit des gens se compose

(1) Le général Jung, dans l'excellente étude qu'il a publiée cette année sur *La Guerre et la Société*, dit : « La politique extérieure n'est que de la stratégie et de la tactique appliquée à la conduite des affaires de l'État, dans ses rapports avec les autres États. »

de règles que les États observent en pleine liberté dans leur propre intérêt.

Il serait impossible de supprimer le principe de la lutte entre les États, ne fût-ce que pour un temps, car il en est des peuples comme des êtres : la lutte est le moteur de tout ce qui existe. L'État qui, dans un sentiment de lassitude, renoncerait au combat et ne chercherait qu'à vivre avec tous en paix et en amitié, renierait le principe même de son indépendance, verrait baisser ses forces morales et matérielles, et finirait par succomber.

Tant que les États luttent entre eux sans prendre les armes, ils se trouvent dans la condition à laquelle on donne le nom de paix (1). S'ils en viennent aux moyens violents, la guerre éclate.

Ainsi le droit de guerre est la conséquence fatale des rapports des États entre eux; c'est le dernier recours pour régler les différends qui s'élèvent entre les puissances; ce n'est donc que la continuation de la lutte avec d'autres moyens (2).

La lutte pour la vie inclut ainsi la possibilité de la guerre. Mais diverses considérations peuvent avoir

---

(1) Nous passons sous silence les transitions entre l'état de paix et l'état de guerre, telles que la mise de l'embargo sur les navires, le soi-disant « blocus pacifique », l'occupation en pleine paix. Ces agissements ne sont le plus souvent que le prélude d'une guerre.

(2) Cf. ces paroles du général Jung : « Une société ne peut être qu'en paix ou en guerre. Ces deux termes expriment une seule et même action, la concurrence des sociétés pendant la période de paix et pendant celle de la guerre. La guerre n'est, en effet, que la continuation de la lutte de la paix, avec des procédés particuliers. »

pour effet de l'écarter : telles sont l'incertitude du résultat, la misère et les pertes matérielles causées par les hostilités, la crainte de l'immixtion d'un tiers, etc. C'est donc l'importance du conflit seule qui fait tirer l'épée, et qui donne à la lutte éternelle le caractère de la guerre. Mais si les influences contraires sont très puissantes, les motifs de guerre peuvent être très graves, sans qu'on ait recours à cette *ultima ratio*. Par conséquent, les puissances se livrent entre elles à la lutte pour la vie, non seulement en temps de guerre, mais aussi en temps de paix, en développant leurs forces, qui leur permettront, si elles doivent recourir aux armes, d'obtenir ce qu'elles veulent, ou de garder ce qu'elles ont.

Ces forces ne consistent pas seulement dans les armées dont les puissances disposent : sans quoi, dans la lutte éternelle, les petits pays seraient irrévocablement perdus; ils ne pourraient défendre leurs propres intérêts que si ceux-ci se trouvaient d'accord, — ou au moins n'étaient pas en conflit, — avec ceux des grands États. En réalité, il y a d'autres facteurs dont il faut aussi tenir compte. Tels sont par exemple :

Le voisinage du théâtre éventuel d'une guerre entre d'autres puissances, et la nature de l'attitude à garder dans une lutte de ce genre;

La valeur défensive du territoire;

Les convoitises des autres États par suite de l'importance de ce territoire, de son importance géographique, stratégique ou autre.

Pas plus qu'aucune puissance, la Hollande ne peut

se soustraire à la lutte pour l'existence. Elle y est forcée par le souci de sa conservation personnelle, et elle doit tirer le meilleur parti des armes qu'elle possède ; si elle ne les emploie pas toutes, elle perd volontairement ses avantages dans la lutte.

Voici donc la question qui se pose : comment doit-elle s'y prendre pour faire le plus utile usage de ses armes ?

De toute manière, sur ce terrain l'activité s'impose. Au point de vue des relations internationales, la Hollande possède non seulement des intérêts directs, mais encore des intérêts indirects et très généraux, d'une importance non moins sérieuse, et sous peine de les voir de plus en plus sacrifiés, elle ne peut pas fuir la lutte. De tous les moyens qu'elle a de les développer puissamment, le premier consiste en la liberté d'action dont elle jouira au cours de la prochaine guerre dans l'Europe occidentale. Par sa situation, son attitude éventuelle sera de la plus grande importance pour les deux belligérants, et par cela même, elle sera pour l'un et pour l'autre un ennemi dangereux ou un allié convoité.

Tel est, pour une part, le secret de la force de la Néerlande sur le domaine international. Si elle proclamait dès maintenant un régime de neutralité absolue, ou si elle concluait durant la paix un traité d'alliance avec une ou plusieurs grandes puissances, elle abandonnerait inutilement, en s'engageant à l'avance, une position excellente, vraiment unique, et rejetterait une de ses meilleures armes dans la lutte pour la vie. L'objet de notre diplomatie est de tirer parti de cette position ; le devoir de notre nation est de faire les sacrifices nécessaires pour accroître nos forces défensives selon les règles de la stratégie, afin que nous soyons en état de faire face à tous les événements, et que nous puissions suivre en pleine indépendance la voie tracée par notre honneur national et par notre intérêt.

L'attitude de la Hollande, en cas de guerre dans l'Europe occidentale, a fait le sujet de deux brochures récentes (1); elles méritent d'autant plus d'attirer l'attention, que depuis plusieurs années la majorité d'entre nous semble s'être convaincue que, si la guerre éclate entre nos voisins, la neutralité s'imposera à notre pays, toujours et quelles que soient les circonstances, aussi bien qu'aux États dont la neutralité est obligatoire (2).

L'auteur de l'une d'elles, Aldegonde, nous conseille de conclure en temps de paix une alliance avec l'Allemagne; l'autre, M. Enderlein, sans aller aussi loin, affirme que la Hollande doit s'associer ouvertement et sans crainte à la politique anglaise, c'est-à-dire donner son appui moral à la Triple-Alliance, et travailler ainsi au succès de cette ligue (3).

(1) *Naur Frankrijk, Front* (Contre la France, Front), par *Aldegonde*, et l'article *Neutraliteit* (dans les *Vragen des Tidjs*, oct. 1890), par *H.-J. Enderlein*, ancien ministre de la Guerre.

(2) Seul de tous nos grands journaux, le *Standaard*, à diverses reprises et encore récemment, a conseillé aux Hollandais d'exercer une action plus résolue sur la politique étrangère.

(3) La Hollande ralliée à la politique anglaise! Le 17 décembre 1870, notre éminent homme d'Etat, Groen van Prinsterer, écrivait : « Ces jours derniers la Prusse, qui triomphe à Versailles, rendait le ministère anglais responsable de la guerre. Elle n'avait pas tort : c'est l'Angleterre qui est responsable de tous les méfaits de la Prusse d puis 1863, ou de presque tous. Un homme politique de grande

De tout ce qui précède, on conclura sans peine que je n'adopte ni l'une ni l'autre de ces opinions. Et puisque Aldegonde a jugé bon de publier sa brochure, je veux montrer pourquoi une alliance conclue avec l'Allemagne contre la France me paraîtrait désastreuse pour la Hollande.

Nous commencerons par examiner les motifs que l'auteur fait valoir pour justifier une alliance de ce genre au point de vue stratégique.

II

Aldegonde considère que la guerre franco-allemande ne formera qu'une partie de la guerre générale, soutenue d'un côté par la France et la Russie, et de l'autre par la Triple-Alliance.

Rien ne justifie ces prémisses, et il serait impossible d'en démontrer la vérité, vu qu'elles sont erronées. — En effet, on ne sait rien de certain au sujet

autorité, sir Stratford Canning, rappelait au Parlement, en 1866, que la déplorable défaillance de la politique anglaise dans l'affaire du Slesvig-Holstein avait ouvert la voie à l'injustice et à la spoliation. C'est grâce à l'émiettement particularisté de la politique que la Prusse a pu, de 1863 à 1870, jouer son drame en trois actes ». Et avec beaucoup de raison, le grand homme d'Etat ajoutait : « Néanmoins, la responsabilité de celui qui aurait pu prévenir ces méfaits n'excuse pas le coupable. » On voudrait que la Hollande s'associât à cette politique anglaise qui a pour devise : « Epargner les puissants et accabler les faibles, *To spare the mighty and to crush the weak!* »

d'une alliance formelle entre la France et la Russie, et la Triple-Alliance n'a de portée que si l'une des puissances contractantes est attaquée conjointement par la France et par la Russie. Comme ce danger ne menace que l'Allemagne, c'est elle qui recueille le plus de profit de cette alliance. Aldegonde le reconnaît certainement, puisqu'il dit : « La Hollande doit s'adresser à l'*Allemagne*. » Et ailleurs : « En général, l'entrée d'une puissance dans l'Alliance *centrale* est une garantie de paix; c'est pour la Hollande une raison de chercher *là aussi* son salut. »

Depuis qu'en 1875 l'Allemagne voulut la guerre avec la France encore faible, et que Gortschakoff sut parer le danger, il s'est élevé entre la Russie et l'Allemagne une inimitié qui s'est accrue au congrès de Berlin, et qui a abouti à des relations tendues entre les deux Empires. Aujourd'hui que la France s'appuie de nouveau sur une forte armée, si l'Allemagne attaquait l'une de ses deux voisines, elle risquerait fort de se voir entraînée dans une guerre avec l'autre.

Ni l'Autriche ni l'Italie ne sont exposées au même danger. — La première de ces puissances a des rapports tendus avec la Russie : poussée hors d'Allemagne par la Prusse, forcée de s'étendre dans la direction du sud-est, l'Autriche s'est trouvée en conflit avec la Russie dans la péninsule des Balkans. Mais les intérêts de l'Autriche et de la Russie ne sont pas tellement antagonistes qu'on doive désespérer d'une entente entre ces deux États.

L'Italie, faible au dedans comme au dehors, n'a

qu'un ennemi naturel : c'est l'Autriche, possédant toujours des territoires qui, aux yeux de la majorité des Italiens, appartiennent à l'Italie A deux reprises, l'Italie a réussi à reconquérir sur sa rivale une partie de ces domaines, d'abord en 1859, grâce au secours de la France, puis en 1866, à la faveur de la guerre que l'Autriche avait à soutenir contre la Prusse. Aujourd'hui la tendance *irrédentiste* est contrariée par le gouvernement ; mais c'est le résultat momentané de la Triple-Alliance, et l'on ne saurait en conclure que le parti gouvernemental, en Italie, ne partage pas au fond ces mêmes idées (1).

L'Italie doit à son entrée dans la Triple-Alliance, sous la pression de l'Allemagne, ses relations difficiles avec la France, et les grandes pertes économiques qui en sont la conséquence, et qu'augmentent encore ses dépenses toujours croissantes pour l'armée et la flotte. Voilà avec quoi l'Italie achète l'honneur d'être la troisième dans l'Alliance.

D'autre part, l'empereur d'Autriche n'a pu jusqu'ici rendre visite à son allié, à Rome, de peur d'encourir la disgrâce du pape.

Aussi n'est-il pas étonnant que pour toutes ces raisons la Triple-Alliance ne soit pas populaire en Italie. On conçoit très bien que l'Italie soit nécessaire à l'Al-

---

(1) En 1870 les Italiens prirent Rome, profitant des embarras de la France. Si celle-ci, avant la guerre, avait consenti à l'annexion des États pontificaux, elle aurait eu l'Italie pour alliée. Cf. *Revue des Deux-Mondes*, 1ᵉʳ avril 1878, *Les Alliances de l'Empire en 1869-70*, par Napoléon Bonaparte. Cf. aussi Jung, op. cit., pp. 203-205.

liance, mais on ne voit nullement en quoi l'Alliance est utile à l'Italie. Aldegonde le remarque très justement : « La participation de l'Italie à la Triple-Alliance, dit-il, a pour seule raison d'être que l'Allemagne et l'Autriche ont besoin d'être couvertes par derrière et sur leurs flancs » (1).

La diplomatie allemande a donc réussi à unir en une ligue les éléments les plus hétérogènes : l'Autriche, qui a été humiliée par la Prusse en 1866, et l'Italie, qui a été battue en 1866 par l'Autriche, sont aujourd'hui fraternellement unies pour fortifier la position de l'Allemagne en Europe.

Cela prouve certainement l'habileté de la diplomatie allemande, mais cela prouve aussi qu'une ligue pareille n'est pas soutenue par une force intérieure, et qu'elle ne peut pas être durable. — Ce serait déjà une raison suffisante pour juger aventureuse et risquée la politique qui ferait de notre patrie l'associée de la Triple-Alliance, ou, ce qui revient au même, de l'Allemagne.

Or, tant que cette alliance durera, on peut très bien imaginer que l'Allemagne fasse la guerre isolément, soit à la France, soit à la Russie. La Triple-Alliance, en effet, peut avoir pour résultat d'empêcher l'un des ennemis de l'Allemagne de porter secours à l'autre, de telle sorte que l'Autriche et que l'Italie n'auraient pas besoin non plus d'intervenir.

(1) Rappelons en passant le chemin de fer du Gothard, qui unit les vallées allemandes du haut Rhin aux plaines du Pô. Ou bien l'Allemagne aurait-elle envers la Suisse plus d'égards qu'elle n'en aurait, suivant Aldegonde, envers nous?

Mais suivons néanmoins l'argumentation d'Aldegonde. Voici, retracé à grands traits, ce qu'il affirme :

La Russie et la France, en guerre avec la Triple-
Alliance, tâcheront de réunir leurs armées aussi vite
que possible pour frapper un grand coup. Comme les
plaines basses sont les terrains les plus propres à l'attaque stratégique, l'action principale se dessinera
comme il suit : la Russie, ne laissant sur sa frontière
autrichienne, sur les Carpathes, qu'une armée relati-
vement faible, dirigera ses principales forces vers
l'ouest, c'est-à-dire sur l'Allemagne ; elles débouche-
ront dans la plaine de l'Allemagne du Nord, et elles
auront dans la Vistule une excellente base d'opérations ; et comme la frontière entre la Prusse et la
Pologne décrit une convexité dans la direction de
l'Ouest, à l'endroit où elle est coupée par la ligne Var-
sovie-Berlin, l'armée russe, au moment où elle fran-
chira cette frontière, ne sera pas à plus de quarante
lieues géographiques de Berlin (environ quatorze
étapes.) Une marche en avant (*voormarsh*) (1) de la
Russie sur l'Autriche à travers les marais et par la
porte de Moravie ne paraît pas probable au début de la
guerre. Peu importe de prévoir la direction suivant
laquelle l'armée russe, ayant franchi la frontière allemande, continuera ses opérations, soit contre Berlin,
soit plus au nord vers la Baltique.

Les Français opposeront peu de troupes à l'Italie,
mais concentreront des forces considérables sur les

(1) C'est à dessein que nous reproduisons plusieurs germanismes
dont l'auteur s'est servi.

positions défensives de leur frontière allemande, tandis qu'ils marcheront à travers la Belgique sur la vallée inférieure du Rhin, avec une armée de trois cent à quatre cent cinquante mille hommes, pour attaquer l'Allemagne en son point le plus faible, et pour gagner au plus vite les plaines du Nord, afin de rejoindre l'armée russe. Ainsi la situation géographique et la nature topo-hydrographique de la Hollande prennent une importance stratégique de premier ordre, car l'armée française tâchera de franchir le bas Rhin sur territoire néerlandais, et d'autre part on peut prévoir des tentatives opérées sur les côtes hollandaises de la mer du Nord pour y débarquer un complément de troupes.

Donnons ici la parole à Aldegonde.

« La Hollande, dit-il, est à l'aile droite de la ligne du Rhin; c'est dans notre pays que la force de résistance de cette ligne dans la guerre future atteindra son point culminant, par sa valeur défensive naturelle plus que par sa valeur artificielle; mais c'est précisément ce qui en fait l'importance militaire pour l'Allemagne. La *Hollande* (j'y insiste) *est le complément de cette ligne* qui s'étend des Alpes à la mer du Nord, qui forme le mur de séparation stratégique entre la France et l'Europe orientale. Elle forme le cadenas de la chaîne qui relie les plaines françaises à celles de l'Allemagne du Nord. »

De tout ce qui précède il résulte (toujours suivant Aldegonde) que l'Allemagne sera obligée, pour sauvegarder sa ligne du Rhin, « d'occuper les frontières occidentales et méridionales de la Hollande, et cela dans le minimum de temps possible, et de les fortifier conformément à ses besoins. »

Plus loin l'auteur assure que, si la Hollande se déclarait neutre, la France ne tiendrait pas le moindre compte de cette proclamation, et qu'aussitôt que les armées françaises auraient envahi la Belgique, ni l'Allemagne ni la France ne respecteraient cette neutralité.

Nous relèverons plus tard cette assertion. Contentons-nous, pour le moment, de montrer combien est mal choisi l'argument sur lequel Aldegonde veut appuyer son opinion : il cite la violation de la neutralité prussienne par Napoléon, en 1805.

Or quiconque est un peu au courant des événements sait la triste figure que la Prusse a faite entre 1795 et 1806, grâce à sa politique de neutralité, à ses oscillations entre deux principes, et c'est précisément à cette politique qu'elle a dû cette humiliation, prélude de Iéna et de Tilsitt. Elle ne cessait guère de négocier avec l'Autriche et la Russie en vue d'une alliance, mais au moment décisif elle se dérobait, et quand l'armée française entrait dans la province prussienne d'Anspach, la Prusse se contentait de protester, de proclamer sa neutralité, en même temps qu'elle accordait aux forces russes le libre passage sur son territoire. Après la capitulation de Mack à Ulm, la Prusse traitait avec les alliés, en sorte que l'Empereur, archiduc d'Autriche, dans une proclamation à son peuple, lui annonçait des secours de la Russie et de la Prusse. Le ministre prussien, Von Haugwitz, partit alors pour Brunn, afin de négocier avec Napoléon en faveur de l'Autriche. Mais à peine la défaite de l'armée austro-russe à Austerlitz était-elle connue, la Prusse laissait les alliés dans l'embarras, et concluait le 15 décembre avec Napoléon, à Schönbrunn, un traité par lequel elle achetait l'alliance de la France à des conditions très humiliantes (1).

La morale de l'histoire de la Prusse en 1805, c'est qu'une puissance qui se déclare neutre, mais cherche en même temps par son attitude ambiguë à pêcher en eau trouble, risque fort de recevoir une dure leçon, en punition de ce jeu peu honorable.

Quant à la conclusion d'Aldegonde sur l'importance géographique et stratégique de la Hollande dans la future guerre franco-allemande, nous pouvons entièrement l'adopter. L'auteur prouve que, si la Hollande se déclare neutre au début du conflit, on peut s'attendre à des tentatives faites pour violer cette neutralité, tant du côté de l'Allemagne que du côté de la France. Mais il est forcé en même temps de reconnaître lui-même que le principal danger, le danger immédiat menace du côté de l'Allemagne. Non seulement celle-ci peut enfreindre notre neutralité beaucoup plus vite que la

(1) La Prusse reçut le Hanovre et céda en échange Anspach à la Bavière, Clèves au prince du Saint-Empire Romain que Napoléon désignerait, et Neufchâtel à la France, tandis que nombre de pays autrichiens, Venise, Salzbourg, le Tyrol, Passau, le Vorarlberg, passaient à la France ou à la Bavière ; enfin la France et la Prusse se garantissaient mutuellement l'intégrité de leur territoire. — Ce traité fut signé le jour même où l'armée prussienne, en vertu des promesses d'alliance faites à la Russie et à l'Autriche, devait engager les hostilités contre Napoléon.

France, puisqu'elle est limitrophe de la Hollande, mais encore Aldegonde avoue lui-même que cette violation est inévitable de la part de l'Allemagne, qu'elle doit se produire aussitôt que la guerre sera déclarée, immédiatement, vu qu'elle lui est indispensable pour sauvegarder sa frontière du Rhin. Bien au contraire, il est tout à fait incertain, à l'heure actuelle, que la France veuille se lancer tout de suite sur le bas Rhin, au lieu de se jeter sur la vallée supérieure, et de tâcher par la rive droite de gagner la plaine allemande, entre le fleuve à l'ouest et les montagnes de l'Allemagne centrale à l'est, ce qui lui est le plus court chemin pour marcher sur Berlin.

Ce n'est pas tout : l'auteur oublie, ou plutôt il évite de mentionner un cas, qui non seulement peut se produire, mais encore est très probable. M. Enderlein a fait le même oubli. C'est le cas où ce serait l'Allemagne qui voudrait, d'elle-même, violer les neutralités hollandaise et belge pour *attaquer* la France par le nord. Il n'est pas encore prouvé, en effet, M. Enderlein l'affirme avec raison, que la France soit assez forte pour repousser l'ennemi sur sa frontière de l'est, et violer en même temps la neutralité belge, ce qui serait une provocation à l'adresse de l'Angleterre. Admettons pourtant que ce dernier cas se produise : alors le premier objet des Français serait la conquête de la Belgique, et ils ne pourraient s'attaquer à la plaine inférieure du Rhin qu'après s'être assurés une bonne et solide base d'opérations. « Au contraire, c'est l'Allemagne qui a toute raison de souhaiter la rencontre en Belgique, et cela pour des raisons stratégiques, puisqu'elle pourrait alors attaquer la France du côté où elle est la plus faible. » A tel point que celle-ci a dû fortifier sa frontière du nord, tandis que l'Allemagne laisse ouverte toute sa frontière occidentale au nord de Wesel.

Nous ne pouvons non plus nous ranger à l'avis d'Aldegonde, quand il dit que la Hollande est plus découverte au sud qu'à l'est. Au contraire, la direction de nos grands fleuves et le voisinage de la Belgique, pays neutre, protègent bien plutôt le cœur de notre pays contre une attaque venant du sud que contre une irruption venant de l'est.

L'esprit offensif de l'armée allemande et la grande force défensive que la France peut développer sur sa frontière orientale prouvent, mieux que tout autre argument, que si la neutralité de la Hollande est violée, ce sera à l'est et non au sud.

III

C'est en vertu de conjonctures probables en cas de guerre future, qu'Aldegonde nous conseille de nous allier à l'une des parties. Il affirme que « la Hollande trouvera dans une alliance avec l'un des belligérants le seul moyen de prendre position avant et durant la guerre, de réduire au minimum possible les sacrifices qu'entraîneront les hostilités sur son territoire, enfin, lors de la conclusion de la paix, d'être en mesure de faire entendre sa voix. »

Déjà, au début de cette étude, j'ai dit pourquoi je ne puis m'associer à cette conclusion : une telle alliance serait un acte inintelligent de la part d'un petit État. Aujourd'hui que les grandes puissances européennes se sont partagées en camps nettement opposés, il ne se trouverait pas un homme d'État en Hollande qui voulût ou osât prendre cette grave responsabilité (1).

Dans l'état actuel de nos forces militaires, nous courons risque, je le reconnais, que l'Allemagne, dès la déclaration de guerre, ne cherche à violer notre neutralité pour garantir sa ligne du Rhin, et il n'est pas probable qu'avec les ressources de résistance dont nous disposons en ce moment, nous puissions empêcher cette irruption.

Mais précisément, si nos forces défensives ne sont pas encore complètes, nous devons dès maintenant décider de notre attitude future, et sous peine d'être bientôt les jouets des deux belligérants, nous devons déclarer sans détours que, si nous proclamons notre neutralité, quiconque la violera se fera notre ennemi par cela même. C'est le seul moyen rationnel auquel nous puissions recourir, et celui qui offre le moins de danger.

Dans quelle fausse situation ne serions-nous pas

---

(1) Il est caractéristique de remarquer qu'alors qu'Aldegonde nous conseille de nous allier à l'Allemagne, sa brochure porte un titre provocateur à l'adresse de la France : « *Naar Frankrijk, Front.* » Mot à mot : Contre la France, Front !

entraînés si nous ne prenions un parti résolu au moment de la violation de notre territoire? Cela ressort très nettement de la proposition d'Aldegonde, d'après laquelle la Hollande se verrait obligée de déclarer la guerre et à l'Allemagne et à la France, si les armées de ces deux puissances franchissaient nos frontières l'une après l'autre. La guerre à l'Allemagne et à la France! Comment notre auteur, qui ne manque certes pas de finesse d'esprit, a-t-il pu en venir à une semblable conclusion? C'est pour moi une énigme. Car, à peine aurons-nous déclaré la guerre à l'Allemagne, nous cesserons d'être neutres, et la France alors ne pourra plus violer notre territoire, la violation de notre neutralité ayant pour conséquence inévitable une alliance avec l'ennemi du peuple coupable. Si chacune des deux parties nous sait absolument résolus à un acte de ce genre, elles y regarderont sans doute à deux fois avant de franchir nos frontières, et cela malgré l'insuffisance de nos forces militaires à l'heure actuelle. Car le violateur aurait contre lui non seulement notre armée, mais encore le territoire hollandais, dont son adversaire pourrait disposer.

Ainsi les circonstances ne nous sont pas défavorables. Le péril de l'invasion nous menace surtout du côté de l'Allemagne, qui peut en tout cas arriver bonne première. La France, au contraire, doit d'abord conquérir la Belgique, et s'assurer une bonne base d'opérations, avant de songer à nous attaquer par terre. Et quant au débarquement sur nos côtes d'un corps d'armée assez fort pour pouvoir pratiquer une vigoureuse offensive, il restera complètement impossible tant que nous voudrons et que nous pourrons défendre nos ports de mer et nos canaux. Aussi, tant que la Hollande sera neutre, l'Allemagne n'aura pas à porter ses inquiétudes de ce côté.

En revanche, si c'est l'Allemagne qui viole l'intégrité de notre territoire, et que la Hollande lui déclare la guerre, la France trouvera aussitôt une excellente base d'opérations, car nous lui ouvrirons le libre accès de nos ports. N'oublions pas, en effet, la grande supériorité de la marine française sur celle de l'Allemagne. En même temps la France se verra forcée, par l'impérieuse nécessité de sa défense, de marcher à l'ennemi à travers la Belgique, et alors l'Allemagne sera exposée à une attaque combinée de l'ouest et du sud-ouest, et cela sur le point le plus faible de sa frontière. — Toutes ces circonstances rendent peu vraisemblable que l'Allemagne ose envahir notre territoire, surtout quand elle saura que la Hollande considérerait ce fait comme un *casus belli*.

C'est donc en proclamant sa neutralité et en prenant une attitude décidée, que la Hollande trouvera le seul moyen rationnel de réduire au minimum les chances d'une violation de cette neutralité.

Si, en même temps, nous possédions une bonne armée de campagne de la force environ de deux corps d'armée, et par derrière, en second ordre, une autre armée pour défendre les excellentes lignes que forment nos cours d'eau, tout serait pour le mieux. Alors nous pourrions envisager l'avenir sans crainte. En attendant, jamais nous ne nous jetterons, par peur, par lâcheté, dans les bras de ceux qui nous menacent le plus.

Notre bon sens et notre honneur national condamneraient une pareille attitude.

Notre indépendance serait compromise !

Voilà cependant la politique conseillée par Aldegonde, car il dit à la fin de sa brochure : « L'alliance avec l'Allemagne est non seulement désirable pour la Hollande : elle est indispensable (1). »

IV

Aldegonde se donne bien du mal pour faire ressortir les grands avantages que la Hollande tirerait d'une alliance avec l'Allemagne. Il croit y parvenir, non seulement en chantant les louanges de cette dernière, mais aussi en noircissant la France le plus possible. Il dit entre autres choses : « Quant à la France, jamais la Hollande ne lui a dû aucun avantage, ni comme alliée

(1) Le 6 octobre 1890, le général P. G. Booms, dans un discours prononcé à l'occasion du vingt-cinquième anniversaire de la Société d'encouragement de stratégie, disait du plaidoyer d'Aldegonde : « C'est une voix déguisée d'au-delà des frontières. C'est un faux frère qui tâche d'éblouir quelques esprits par ses raisonnements captieux, fantastiques et faux, mais qui ne trouvera jamais parmi nous beaucoup d'oreilles, si même il en trouve. Que cette voix, qui est une menace, soit au contraire pour nous un nouvel avertissement ! »

ni comme ennemie. Les Français sont un peuple conquérant, qu'ils soient gouvernés par un roi, par un
empereur ou par des lois républicaines ; une alliance
avec la France serait pour la Hollande le renouvelle-
ment des erreurs historiques du passé ; ce serait marcher à un avenir plein de dangers et d'incertitudes. La
Hollande doit se joindre à l'Allemagne ; l'Allemagne
est notre parente ; avec le peuple allemand, nous
sommes en harmonie de caractère, de mœurs et de
philosophie. Beaucoup des grands intérêts allemands
concordent avec les nôtres. Nous n'avons rien encore à
reprocher à l'Empire allemand, et nous devons aux
États qui le composent de grands bienfaits, de grandes
personnalités et de grandes idées. »

Assurément la Hollande a souffert de l'ambition de
Louis XIV. Mais quand il attaquait notre pays en 1672,
n'était-il pas secondé par deux princes allemands,
l'électeur de Cologne et l'évêque de Munster (1)? Et
d'ailleurs est-il raisonnable de rendre un peuple entier,
— ou plutôt une génération nouvelle de ce peuple, --
responsable de l'esprit de conquête d'un de ses rois (2)?
Au commencement du siècle, si notre pays a beaucoup

(1) Celui-ci avait déjà envahi les Pays-Bas en 1665, et ce fut justement la France qui l'empêcha de poursuivre son plan de conquête.

(2) Aldegonde dit que la France est l'ennemie héréditaire de la
Hollande. Je proteste contre cette accusation. Les Hollandais ne con-
sidèrent comme leur ennemie héréditaire ni la France ni aucune
autre nation. Nous n'appartenons heureusement pas à cette catégorie
de peuples qui ont reçu en héritage de leurs aïeux l'idée d'un ennemi
héréditaire. Si quelques princes français nous ont combattus et
vaincus dans le passé, ce n'est pas une raison pour que la France
soit de nos jours l'ennemie de la Hollande.

souffert des conquêtes de Napoléon, qui peut nier que nous devions beaucoup à son gouvernement? « Le tort que nous a causé l'annexion à la France, dit le Dr Wynne, a été bien souvent relevé, mais on n'a pas dans la même proportion fait ressortir le bon côté de cette incorporation, qui frappe moins les yeux, mais qui pourtant est réel. A cette annexion la Hollande doit le grand avantage d'avoir reçu un système de législation commune, que d'elle-même elle ne se serait pas donné aussi vite, peut-être même jamais. L'organisation politique et judiciaire, qui fut alors imposée à notre pays, a exercé une influence heureuse et permanente sur notre reconstitution nationale. »

N'oublions pas non plus que le parti fanatique, qui dominait dans notre pays en 1794 et 1795, avait appelé les Français, et que Pichegru est entré en Hollande, escorté et presque poussé par les patriotes dont Daendels était le chef. — Et n'est-ce pas à la Prusse que l'armée hollandaise, commandée par deux princes de la maison d'Orange, a dû sa défaite de Fleurus, en 1794, à la Prusse qui oublia sa promesse et ne soutint pas ses alliés? Cette défection ne fut-elle pas la vraie cause de l'invasion française en 1794 et 1795?

D'ailleurs en 1787, les Prussiens sont entrés en Hollande pour rétablir l'autorité du stathouder, et quand ils évacuèrent le pays, ils n'oublièrent pas d'emporter un riche butin. Hardenberg, le ministre prussien des affaires étrangères en 1805, avouait même que Frédéric-Guillaume II avait montré peu d'intelligence en ne s'assurant pas, à la faveur des événements de 1787,

le droit d'avoir toujours sur pied une importante armée
sur territoire hollandais (1).

Ce qui prouve que dans les jours passés nous n'avons
guère eu non plus à nous féliciter des bienfaits de la
Prusse. — Voyons maintenant ce que nous pourrions
attendre aujourd'hui d'une union avec l'Allemagne.

Quoique la Triple Alliance ait actuellement pour but
le maintien de la paix, ou plutôt du *statu quo*, cela ne
veut nullement dire que la tête de cette alliance, l'Allemagne, ou, ce qui revient au même, la Prusse veuille
la paix seulement par amour de la paix.

La Prusse ne doit sa grandeur qu'à son épée. Quelle
explication donner des nombreuses guerres provoquées
par l'État brandebourgeois-prussien depuis plus de
quatre siècles, si ce n'est le désir insatiable de conquête et d'agrandissement? En 1415, quand l'empereur
Sigismond cédait la Marche à Frédéric de Hohenzol-
lern, le Brandebourg n'avait qu'une superficie de cinq
cent trente-six milles géographiques. L'État que Frédéric-Guillaume le Grand laissait en 1688 à son suc-
cesseur en mesurait deux mille treize ; avant la guerre
de 1866, le territoire prussien en comptait cinq mille
cent quatre, et aujourd'hui, dans l'empire allemand
que gouverne le roi de Prusse, il y en a dix mille. Presque tous ces agrandissements sont l'effet de la force ;
c'est par l'épée qu'il a conquis nombre de pays qui
n'avaient pas, à proprement parler, le caractère d'États
allemands, comme les provinces de Prusse (qui aupa-

(1) *G. A. Sillem, La Neutralité Prussienne de 1795 à 1806.* (Gids,
décembre 1887, p. 465.)

ravant formaient un duché), Posen, la Silésie, la Po-
méranie, le Slesvig, l'Alsace-Lorraine, qui depuis n'ont
été germanisées que par la violence et par des moyens
artificiels.

Citons les paroles caractéristiques que Hardenberg
inscrivait en 1805 dans un mémoire à Haugwitz,
chargé de négocier un traité avec Napoléon. « La
Prusse ne peut pas encore s'arrêter dans les agrandissements sans tomber en décadence, et si elle poursuit
la marche des quatre derniers siècles, elle ira en avant
du côté que je viens d'indiquer (1). »

Quand on a sous les yeux de tels antécédents, peut-
on affirmer sérieusement que la marche ascendante de
l'État prussien soit arrivée à son point culminant? Le
doute en pareil cas est légitime.

La Prusse est forcée par les circonstances actuelles
de se contenter provisoirement de ses brillants succès
antérieurs et du grand développement de forces auquel elle est parvenue, et il n'est guère étonnant qu'elle
souhaite en ce moment le maintien du *statu quo*. Mais
un jour (espérons qu'il est très éloigné), la lutte entre
la France et l'Allemagne devra recommencer. Cette
guerre est devenue une nécessité historique par suite de
l'annexion de l'Alsace-Lorraine. Si l'Allemagne est de

(1) A Berlin on ne croyait pas impossible d'amener l'empereur à
accepter, au lieu d'Anspach, quelques districts de la Prusse occidentale en échange du Hanovre ; Anspach et Bayreuth, augmentés
de Nuremberg, Bamberg et Schweinfurt auraient alors formé le
noyau d'une extension de la Prusse vers le sud et le sud-est, laquelle plus tard aurait pu comprendre la Hesse, la Saxe et la Bohême.
(Sillem, op. cit., p. 470.)

nouveau victorieuse, l'influence de la France en Europe sera nulle pour longtemps (1), et par conséquent l'é-quilibre européen sera complètement rompu. Ce jour-là, la parole de Hardenberg, que la « Prusse ne peut pas encore s'arrêter dans ses agrandissements sans tomber en décadence », sera de nouveau le mot d'ordre de la politique prussienne (2).

Le but de la politique hollandaise ne saurait être de contribuer aux succès de la Prusse, ni directement ni d'une manière détournée.

Aldegonde appelle le peuple français une nation conquérante. Il serait plus juste de dire : La France a été souvent gouvernée par des princes qui ont cherché dans une politique de guerres aventureuses un dérivatif à leurs difficultés intérieures. Depuis la chute de Napoléon Ier, la politique française a été influencée par ces difficultés. Mais c'est sous Napoléon III seulement que la France s'est jetée en de grandes guerres européennes, et s'il a fait ainsi, c'était bien moins pour agrandir son territoire, que pour affirmer et pour étendre son influence politique en Europe. Napoléon Ier était un conquérant, un grand homme de guerre ; mais s'il eût été empereur d'Allemagne, de Russie ou de

(1) Discours du recteur de l'Université de Berlin en août 1870 : « Si le sol gaulois nourrit une populace incorrigible, il pourrait se faire que, liée à jamais par de terribles entraves, ou exclue comme incurable du concert des autres peuples, elle s'anéantit elle-même par ses sanglantes guerres civiles. » (*Groen van Prinsterer, Nederlandsche Gedachten*, 7 décembre 1870.)

(2) De Moltke disait, dans sa lettre bien connue au Dr Bluntschli, du 11 décembre 1880 : « La paix éternelle est un rêve, et ce n'est pas un beau rêve. »

tout autre pays puissant, il aurait agi tout de même qu'en France, et la nation française a souffert autant que les autres de sa passion pour les conquêtes.

C'est la Prusse, bien plus que la France, qui mérite le nom d'Etat conquérant. Ne remontons pas au delà de ce siècle, et comparons seulement la carte de 1815 à celle de l'Europe contemporaine.

Le principal but de la guerre de 1870 était, pour chacune des parties, de s'assurer la suprématie politique en Europe. Quand même la Prusse a attendu que Napoléon lui déclarât la guerre, c'est Bismarck qui a provoqué la lutte : elle était le résultat inévitable de la politique suivie des deux côtés, mais ni la nation française ni la nation allemande ne l'ont désirée (1).

(1) Groen van Pristerer écrivait en décembre 1870 : « On voit chaque jour davantage combien il est de mauvaise foi de dire que la nation française est coupable de cette guerre. Déjà, au mois d'août, la Prusse *déclarait* officiellement dans le *Staatsanzeiger* que la conquête de l'Alsace-Lorraine s'imposait comme garantie *contre un peuple* plein *d'orgueil et d'aveuglement*. Mais en même temps (le 26 août), on protestait en Hollande... Il est injuste de rendre le peuple français responsable d'événements qu'il n'a pas provoqués. La guerre est de la faute de deux joueurs, Napoléon et Bismarck. La nation française est innocente. La prétention à l'Alsace et à la Lorraine, sous prétexte que la nation française était complice de Napoléon, reposait sur un faux argument, et a causé la continuation de la guerre, qui a été regrettable même pour l'Allemagne. Jamais nation n'a été plus digne de pitié ; jamais nation n'a été aussi innocente que la France des actes que l'Allemagne veut lui reprocher. » (*Nederlandsche Gedachten*, 1 et 13 décembre 1870). Ibid. 7 décembre 1870 : « Même innocent, un peuple doit pâtir des fautes de son gouvernement. Mais alors il souffre, il est digne de pitié, il n'est pas coupable, il ne mérite ni mépris ni châtiment. » Ibid, 2 décembre 1871 : « De l'*entente cordiale* de 1866, qui couvrit de ridicule l'empereur des Français, résultèrent nécessairement : pour Napoléon, une déclaration de guerre dès long-

Une fois la guerre déclarée, il était parfaitement naturel que le peuple français, aussi bien que le peuple prussien, s'enflammât d'enthousiasme. Chez les membres d'une nation vaillante et patriote, l'union et l'enthousiasme s'imposent, dès que leur pays est menacé, même quand ce n'est pas de leur faute.

Nous ne contestons nullement que le peuple hollandais ne doive à la nation allemande « de grandes personnalités et de grandes idées. » La civilisation n'est pas la propriété exclusive d'un seul peuple, et à mesure que les facilités de communications se développent, les nations se passent de plus en plus entre elles leurs grandes idées et leurs grandes personnalités. Elle aussi, l'Allemagne, a profité comme les autres de la civilisation hollandaise. Mais la Hollande doit beaucoup également à la France, à l'Angleterre, à tous les pays cultivés. En quoi serions-nous à cet égard plus redevables à l'Allemagne qu'à la France? La différence qu'Aldegonde établit en faveur de l'Allemagne, au détriment de la France, n'est d'aucune valeur. En outre, on représente souvent le peuple français sous un faux jour, par suite d'un jugement superficiel. Quand on veut apprécier cette nation, on risque facilement de s'en tenir à la surface, qui nous séduit toujours par ses formes attrayantes, mais nous révèle de temps à autre

temps souhaitée de son adversaire ; — pour celui-ci, l'excitation à la haine internationale, et la continuation de la guerre après Sedan. Nous aurions tort de nous laisser aveugler par nos sympathies françaises ; mais surtout ne nous associons pas au chœur des louanges pour fêter l'injustice triomphante. »

des tableaux peu consolants. Or, à la suite d'un exa-
men plus approfondi, on découvre sous cette surface
les dons les plus nobles de l'intelligence et du cœur.
Les réfugiés français n'ont-ils pas exercé, partout où
ils se sont établis, une influence salutaire sur les civi-
lisations étrangères ? Et la nation française, malgré sa
réputation injustifiée de légèreté, n'a-t-elle pas donné
dans la campagne malheureuse de 1870-71 des preuves
manifestes de courage, de persévérance et de patriotisme (1) ?

Et l'admiration universelle, et le dépit de quelques-
uns ne prouvent-ils pas que la France, si rudement
éprouvée, s'est promptement relevée grâce à ses iné-
puisables ressources, grâce surtout à l'énergie de ses
habitants, à tel point qu'elle est plus puissante que jamais, et que depuis la paix de Francfort, Paris a pu
montrer que la France est et reste toujours le centre

(1) Il est vrai qu'en Allemagne on trouvait bon de blâmer sévère-
ment la persévérance française en 1870. Voici ce qu'écrivait à ce
propos notre compatriote Groen van Prinsterer : « Eh quoi ! Messieurs
les Allemands, vous leur reprochez maintenant leur union. Est-elle
donc si peu justifiée, si peu explicable ? C'est vous qui avez fait la
nation française responsable des méfaits de Napoléon ; c'est vous
qui, abusant de la fortune qui vous souriait, avez exigé en termes
offensants et provocateurs, comme une condition indispensable à
la rectification des frontières, la reddition de deux provinces, chair
et sang de la France ; c'est vous qui avez ramassé partout où vous
l'avez pu, dans l'histoire la plus reculée, tout ce qui pouvait vous
servir à rabaisser le peuple français ! Et maintenant, vous voici si
susceptibles dans votre honneur national, que vous condamnez chez
les Français ce que vous trouvez si louable chez vous ! Maintenant
vous vous irritez, vous vous étonnez de voir qu'en France aussi le
patriotisme de l'unanimité dissipe toute divergence d'opinions politiques. »

de la lutte pacifique pour le développement et le progrès général sur le double terrain de l'esprit et des intérêts matériels?

Quand on compare la France et l'Allemagne, il ne faut pas oublier cette différence que le gouvernement intérieur de l'une et de l'autre n'est nullement fondé sur les mêmes bases. Les idées socialistes et révolutionnaires se manifestent au sein du peuple allemand aussi bien qu'ailleurs, mais on les empêche de s'étaler au grand jour, et on les comprime par la force. Un rapprochement familier fera bien saisir la différence : supposons deux chaudières. A la chaudière française on a donné force soupapes, ce qui occasionne parfois beaucoup de bruit, mais ce qui diminue la pression de la vapeur. En Allemagne, au contraire, on veut empêcher que la vapeur ne s'échappe : si la pression s'accroît, on consolide les parois de la chaudière; il est vrai que le bruit n'augmente pas, mais la pression devient toujours plus forte, jusqu'au jour où la vapeur brisera tout et s'échappera avec violence (1). Il paraît que le gouvernement allemand commence également à comprendre que de ce côté il a fait fausse route.

Aldegonde dit plus loin : « Beaucoup des grands intérêts allemands concordent avec les nôtres. » Mais il

____

(1) Je n'ai nullement le dessein de défendre sans restrictions la condition de la France à cet égard. J'ai tenu seulement à indiquer la situation, à expliquer les faits. Je crois que les moyens termes sont les meilleurs : il faut donner à la vapeur, si elle est trop forte, la possibilité de s'échapper, mais il faut aussi consolider la chaudière, de telle sorte qu'elle puisse résister ; d'autre part il faut tâcher d'arrêter le développement de la vapeur par des agissements rationnels.

oublie de citer un seul exemple. Que la Hollande et que l'Allemagne aient des intérêts semblables, c'est ce que personne ne niera. Mais il arrive même aux États ennemis d'avoir des intérêts pareils. Combien de fois les congrès n'en ont-ils pas fourni la preuve? Par contre, nous n'avons pas mal de preuves aussi que beaucoup d'intérêts hollandais sont absolument contraires aux intérêts allemands. Le ton et le contenu des grands journaux germaniques, quand ils traitent plusieurs questions vitales pour les Pays-Bas, comme celles de la pêche du saumon, de l'amélioration de la navigation rhénane, du commerce de transit, etc., prouvent assez clairement que nous avons à nous défendre plutôt qu'à nous allier.

Elle est fausse également, l'assertion d'Aldegonde « que le peuple hollandais s'accorde le mieux avec le peuple allemand, par le caractère, les mœurs et la philosophie. » Celui qui parle ainsi ne connaît pas le vrai peuple néerlandais. Les Hollandais forment une partie de l'ancienne race germanique, comme les Danois, les Suédois, les Norvégiens, les Islandais, les Allemands, comme une partie du peuple anglais et du peuple français (les Normands). Mais cela ne signifie nullement que nous ressemblions le plus aux Allemands par le caractère, les mœurs et la philosophie. Au contraire, la Hollande est douée d'un caractère absolument particulier, qu'elle a manifesté par son développement indépendant en nation, et par sa passion pour la liberté depuis plus de trois siècles. Voilà comment elle s'est nettement distinguée des autres peuples.

Personne n'ignore ici qu'en Allemagne on proclame partout les maximes d'Aldegonde ; nous savons bien qu'en Allemagne on nous appelle la nation parente, qu'on considère notre langue comme une espèce de bas allemand, et qu'on fait de notre patrie une partie intégrante de l'Allemagne (1).

Le Lorrain dit très justement : « Les alliances offensives et défensives sont rares ; elles se nouent et se dénouent suivant les circonstances ; elles sont en réalité des coalitions de courte durée... On ne doit rechercher les alliances politiques qu'entre peuples ayant des intérêts matériels tout à fait différents. Lorsque les intérêts, les tendances et les mœurs sont les mêmes, il ne s'agit plus d'alliance, mais de fédération ou de fusion. »

(1) Dans un livre très répandu dans les écoles allemandes, intitulé *Directions pour l'enseignement de la géographie*, par le professeur Daniel (*Leitfaden für den Unterricht in der Geographic*, von prof. Dr. H. A. Daniel), on traite la Suisse, le Lichtenstein, la Belgique, la Hollande, le Luxembourg et le Danemark sous la rubrique : Pays allemands de l'étranger (*Deutsche Aussenländer*), et cela dans le chapitre général appelé : l'Allemagne. L'auteur explique cette classification comme il suit : « Je considère les six États susdits comme une dépendance de l'Allemagne, 1° parce qu'ils se trouvent en grande partie en deçà des frontières naturelles de l'Allemagne ; 2° parce que ces pays, à peu d'exceptions près, ont appartenu à l'ancien empire germanique, et quelques-uns jusqu'en 1866 à la Confédération. *Die sechs in der Ueberschrift genannten Staaten werden als Anhang zu Deutschland betrachtet : a) weil sie grossentheils innerhalb der natürlichen Grenzen Deutschlands liegen ; b) weil mit wenigen Ausnahmen diese Länder zum alten Deutschen Reiche, theilweise bis 1866 zum Deutschen Bunde gehört haben.* » Voilà qui nous explique pourquoi les Allemands parlent du Rhin comme d'un fleuve allemand, quoique la source soit en Suisse et l'embouchure en Hollande.

Si les principes d'Aldegonde étaient vrais, ceci serait déjà une raison suffisante pour ne pas chercher notre salut dans une alliance avec l'Allemagne. Le fait que celle-ci nous regarde comme un peuple parent doit, par lui seul, nous empêcher de nous unir à elle, surtout si nous considérons la différence énorme des forces numériques, car ce rapprochement aurait tôt ou tard pour résultat de faire disparaître la Hollande dans l'empire allemand.

Pour la Prusse, cette absorption serait tout simplement la continuation de ses antécédents historiques, puisque le but de la politique prussienne est de réunir tous les pays allemands (1).

Pour la Hollande (et nous devons considérer la question d'un point de vue exclusivement hollandais), une absorption pareille équivaudrait à la perte de notre liberté, de la liberté pour laquelle notre peuple a toujours sacrifié ses biens et son sang.

En 1805, Frédéric-Guillaume III, malgré les propositions de l'Angleterre, refusait d'annexer la Hollande, parce qu'il ne voulait pas faire de la Prusse une puissance maritime (2); aujourd'hui que l'Allemagne est devenue une puissance maritime, qui développe cons-

(1) Groen van Pristerer écrivait : « L'oppression de l'Allemagne par la Prusse, l'expulsion de l'Autriche, l'anéantissement du système fédératif, l'établissement par la force non d'un empire allemand, mais de l'Empire prussien, cette révolution au cœur même de l'Europe, considérer tout cela comme une question intérieure allemande, c'est et ce sera toujours une absurdité : la toute-puissance de l'épée l'a seule rendue possible. » (*Op. cit.*, 5 janv. 1871.)

(2) Sillem, *op. cit.*, p. 465.

tamment ses flottes de commerce et de guerre, et possède déjà plusieurs colonies, l'acquisition de la Hollande serait pour elle d'une grande importance, non seulement au point de vue stratégique, mais aussi pour sa marine et son négoce.

Pour toutes ces raisons, la vigilance s'impose.

L'année 1867 est encore devant nos yeux comme un avertissement.

L'action appelle la réaction. Les idées que j'ai insérées dans cette brochure, je les ai développées sous l'influence des raisonnements d'Aldegonde. J'ai cru nécessaire de réagir contre ce funeste libelle, non que j'aie pensé un seul instant que notre peuple pût un moment accepter les conclusions de ce plaidoyer, mais parce qu'il fallait y répondre par une protestation vigoureuse, partie du cœur même du vrai peuple hollandais.

Plusieurs penseront peut-être qu'une brochure comme celle d'Aldegonde se condamnait elle-même, et qu'il valait mieux l'ensevelir sous le silence. Tout d'abord, je dois l'avouer, c'était aussi mon sentiment. Mais après mûre réflexion, je me suis convaincu qu'Aldegonde et ses inspirateurs interpréteraient ce silence par un : *Qui ne dit mot, consent.*

Nous autres, Hollandais, nous devons non seulement décider que nous voulons rester libres, et que nous voulons défendre notre liberté, mais encore nous ne devons perdre aucune occasion de le proclamer bien haut. En ces temps surtout, cela ne saurait nous faire du mal.

Que la Hollande reste libre dans sa politique extérieure; qu'elle reste fidèle à son passé; que son seul désir soit de développer ses intérêts nationaux, de maintenir ses droits et de remplir son devoir comme État souverain et civilisé.

En suivant les conseils d'Aldegonde, nous nous ouvririons un avenir plein d'incertitudes et de dangers.

L'histoire nous apprend que le peuple néerlandais aime sa liberté avant tout, et ne subit pas de joug étranger. Jamais non plus, à l'avenir, il n'hésitera à défendre son indépendance.

Que le pouvoir s'ajoute au vouloir !

Que nos armées soient bientôt mises sur un pied tel, que nous puissions être un peuple aimant la liberté et capable de la défendre.

Ainsi nous resterons debout, en race libre, groupés autour de nos princes, inébranlables au milieu des tempêtes.

Et alors tous ceux qui oseront s'attaquer à nous, apprendront par expérience qu'il y a sur le territoire hollandais un peuple qui, ferme et fidèle, monte aussi « la garde sur le Rhin (1). »

Post-scriptum. — Je venais à peine de corriger les épreuves de cette brochure, quand s'est répandue la triste nouvelle de la mort de notre Roi. *Ubique mors est,*

(1) Allusion à l'hymne allemand « *Die Wacht am Rhein.* » (Note du traducteur.)

la mort n'épargne personne. Depuis quelques années, la Hollande a été bien éprouvée dans sa famille royale. Le dernier rejeton mâle de la glorieuse maison d'Orange, à laquelle nous devons tant, n'est plus!

Il est grand, le coup qui a frappé la patrie et la famille régnante.

La lourde tâche que notre Reine, la régente, doit assumer, lui sera rendue facile par la certitude que le peuple hollandais lui est uni par des liens d'amour et de respect.

Quels que soient les dangers qui menacent notre patrie, nous montrerons que notre amour pour la famille royale nous unit et nous rend forts.

Dieu protège notre jeune Reine et sa mère, la régente du Royaume!

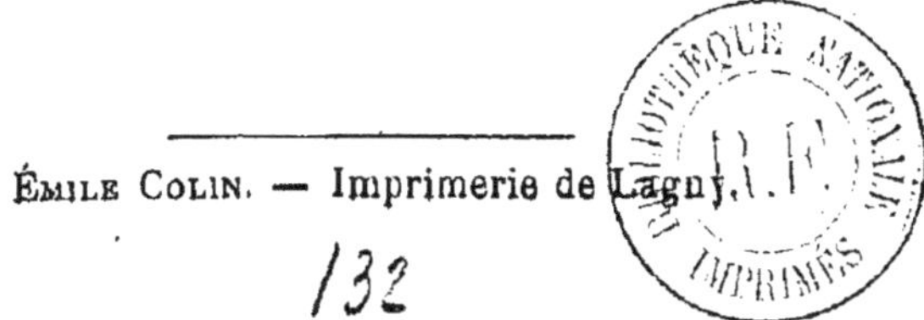

Émile Colin. — Imprimerie de Lagny.